AF288186

Impressum
Verlag: BABADADA GmbH, Nedderfeld 112 , 22529 Hamburg
Geschäftsführer / Verlagsleitung: Harald Hof
Druck: Books on Demand GmbH, In de Tarpen 42, 22848 Norderstedt

Imprint
Publisher: BABADADA GmbH, Nedderfeld 112 , 22529 Hamburg, Germany
Managing Director / Publishing direction: Harald Hof
Print: Books on Demand GmbH, In de Tarpen 42, 22848 Norderstedt

la escuela

school

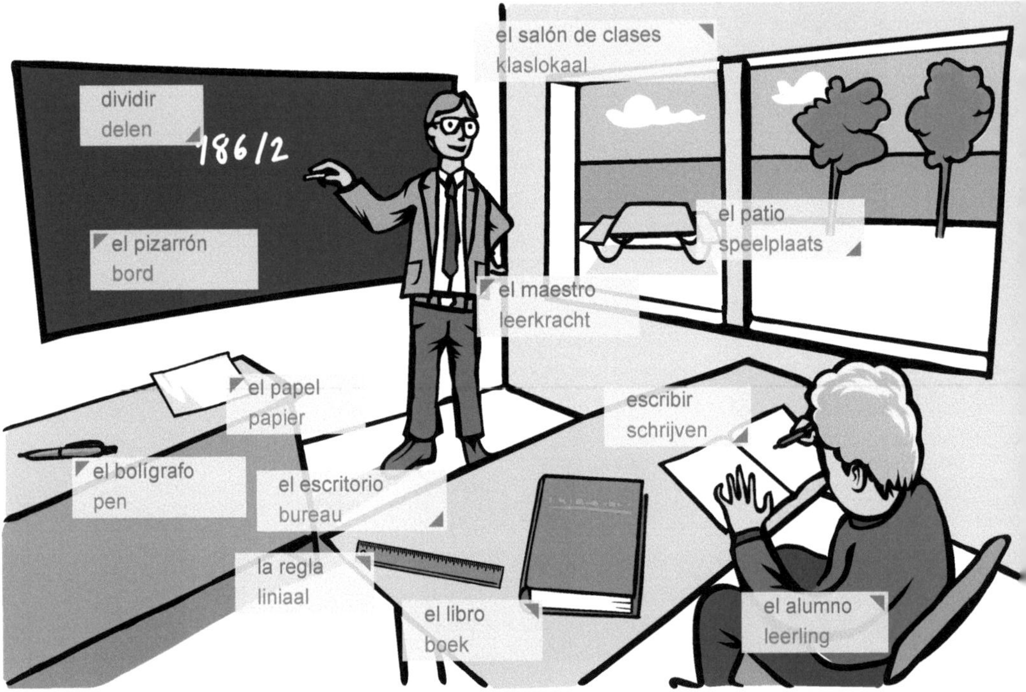
el salón de clases
klaslokaal
dividir
delen
186/2
el pizarrón
bord
el patio
speelplaats
el maestro
leerkracht
el papel
papier
escribir
schrijven
el bolígrafo
pen
el escritorio
bureau
la regla
liniaal
el libro
boek
el alumno
leerling

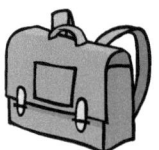

la mochila
schooltas

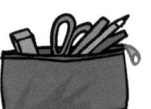

la caja de lápices
pennenzak

el lápiz
potlood

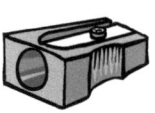

el sacapuntas
puntenslijper

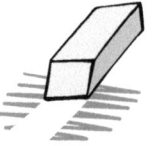

la goma de borrar
gom

el bloc de dibujo
tekenblok

el dibujo

tekening

el pincel

verfborstel

la caja de lápices de color

verfdoos

las tijeras

schaar

el pegamento

lijm

el libro de ejercicios

werkboek

la tarea

huiswerk

el número

nummer

sumar

optellen

restar

aftrekken

multiplicar

vermenigvuldigen

calcular

rekenen

la letra

letter

el alfabeto

alfabet

la palabra

woord

el texto

tekst

leer

Lezen

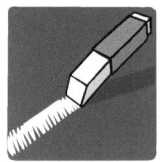

la tiza

krijt

la lección

les

el cuaderno de clase

klassenboek

el examen

examen

el certificado

certificaat

el uniforme

schooluniform

la educación

onderwijs

la enciclopedia

encyclopedie

la universidad

universiteit

el microscopio

microscoop

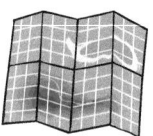

el mapa

kaart

el bote de basura

papiermand

el viaje
reis

el hotel
hotel
Grand
el hostel
jeugdherberg
ROOMS
la casa de cambio
wisselkantoor
la maleta
koffer
el carro
auto

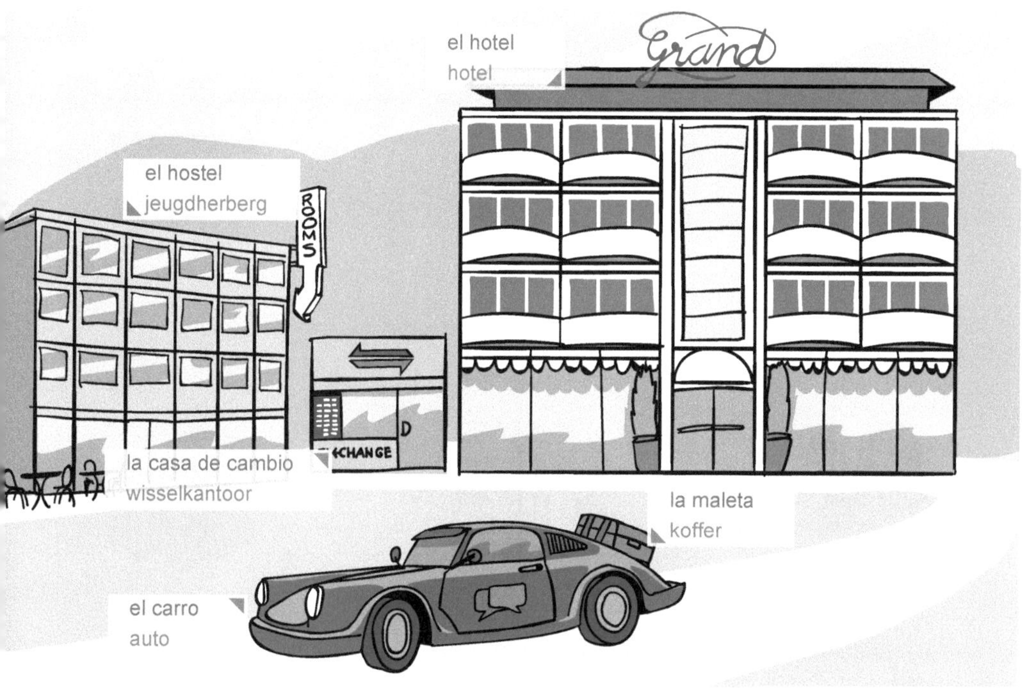

el idioma

Taal

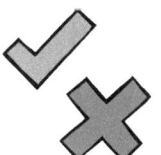

sí / no

ja / nee

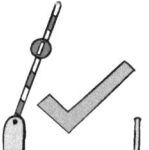

Órale

oké

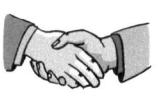

hola

hallo

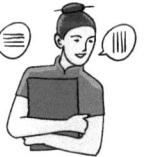

el traductor

vertaler

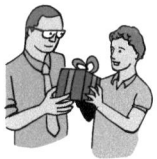

Gracias

bedankt

¿cuánto cuesta…?

Hoeveel kost …?

No entiendo

Ik begrijp het niet

el problema

probleem

¡Buenas tardes!

Goedenavond!

¡Buenos días!

Goedemorgen!

¡Buenas noches!

Goedenavond!

adiós

Tot ziens

la dirección

richting

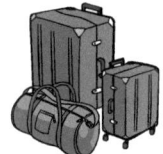

el equipaje

bagage

la bolsa

zak

la mochila

rugzak

el invitado

gast

la recámara

kamer

la bolsa de dormir

slaapzak

la tienda de campaña

tent

la información turística

toeristeninformatie

la playa

strand

la tarjeta de crédito

kredietkaart

el desayuno

ontbijt

el almuerzo

lunch

la cena

avondeten

el billete

ticket

el ascensor

lift

el sello

postzegel

la frontera

grens

la aduana

douane

la embajada

ambassade

la visa

visum

el pasaporte

paspoort

el transporte

transport

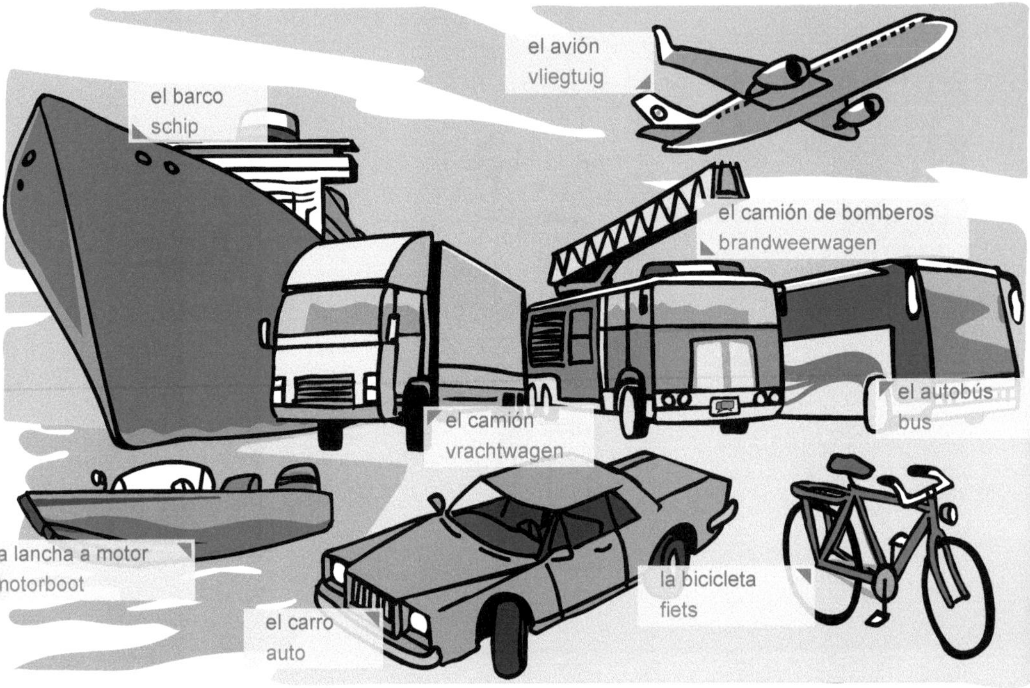
el avión
vliegtuig
el barco
schip
el camión de bomberos
brandweerwagen
el autobús
bus
el camión
vrachtwagen
a lancha a motor
notorboot
la bicicleta
fiets
el carro
auto

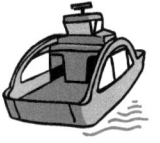

el ferry

veerboot

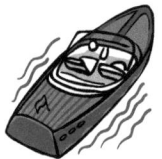

el bote

boot

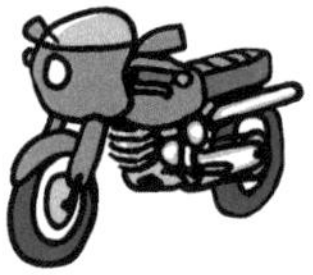

la motocicleta

motor

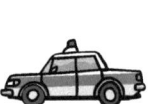

la patrulla

politiewagen

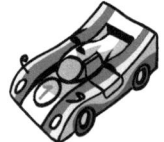

el coche de carreras

racewagen

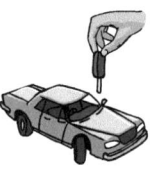

el auto para rentar

huurauto

la renta de autos

carpoolen

la grúa

sleepwagen

el camión recolector de basura

vuilniswagen

el motor

motor

la gasolina

benzine

la gasolinera

benzinestation

la señal de tráfico

verkeersbord

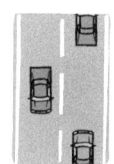

el tránsito

verkeer

el embotellamiento

file

el aparcamiento

parkeerplaats

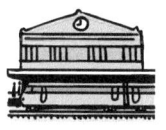

la estación de tren

station

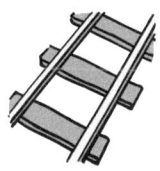

las vías

sporen

el tren

trein

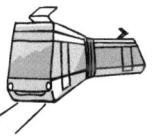

el tranvía

tram

el vagón

wagon

el helicóptero

helikopter

el aeropuerto

luchthaven

la torre

toren

el pasajero

passagier

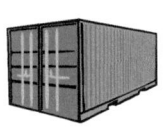

el contenedor

container

la caja de cartón

karton

la carretilla

kar

la cesta

mand

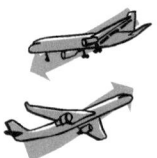

despegar / aterrizar

opstijgen / landen

la ciudad

stad

el pueblo

dorp

el centro de la ciudad

stadscentrum

la casa

huis

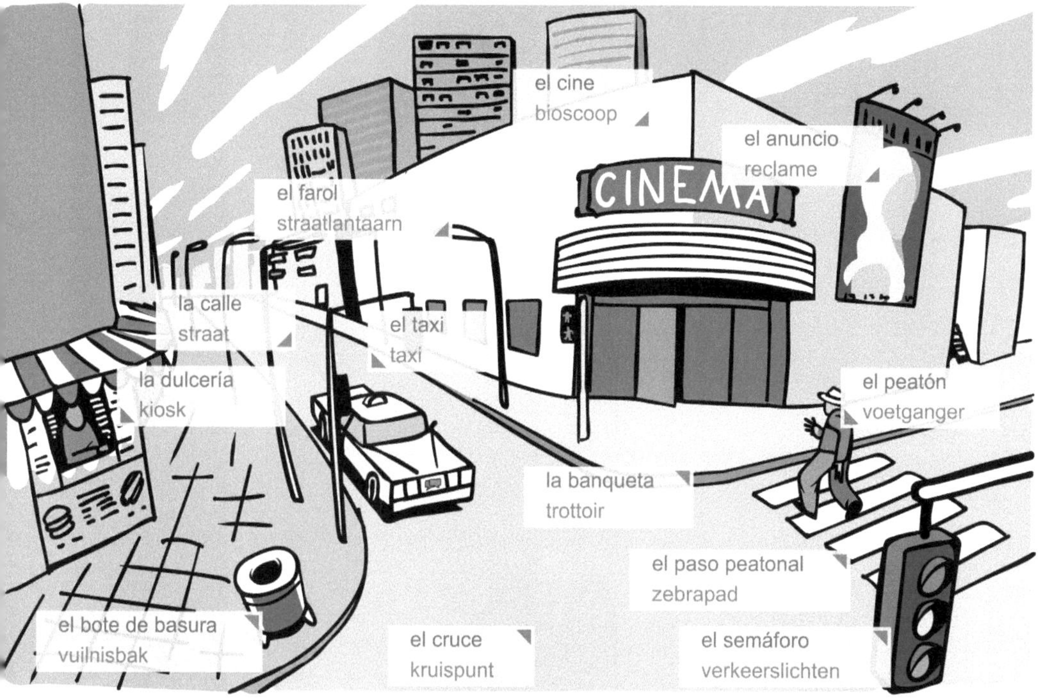

el cine
bioscoop

el anuncio
reclame

el farol
straatlantaarn

CINEMA

la calle
straat

el taxi
taxi

la dulcería
kiosk

el peatón
voetganger

la banqueta
trottoir

el paso peatonal
zebrapad

el bote de basura
vuilnisbak

el cruce
kruispunt

el semáforo
verkeerslichten

la cabaña

hut

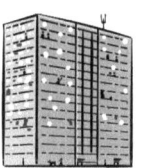

el apartamento

woning

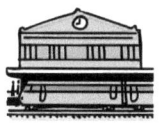

la estación de tren

station

el ayuntamiento

stadshuis

el museo
MUSEUM

museum

la escuela

school

la universidad

universiteit

el banco

bank

el hospital

ziekenhuis

el hotel

hotel

la farmacia

apotheek

la oficina

kantoor

la librería

boekwinkel

la tienda

winkel

la florería

bloemenwinkel

el supermercado

supermarkt

el mercado

markt

las grandes tiendas

warenhuis

la pescadería

vishandelaar

el centro comercial

winkelcentrum

el puerto

haven

el parque

park

el banco

bank

el puente

brug

las escaleras

trap

el metro

metro

el túnel

tunnel

la parada de autobús

bushalte

el bar

bar

el restaurante

restaurant

el buzón

brievenbus

el letrero

straatnaambord

el parquímetro

parkeermeter

el zoológico

zoo

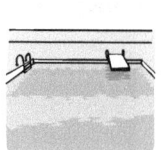

la alberca

zwembad

la mezquita

moskee

la ciudad - stad

la granja

boerderij

la contaminación

milieuverontreiniging

el cementerio

kerkhof

la iglesia

kerk

el área de niños

speelplaats

el templo

tempel

el paisaje

landschap

la hoja
blad

la señal
wegwijzer

el camino
weg

la pradera
weide

la piedra
steen

el árbol
boom

el caminante
wandelaar

el río
rivier

el pasto
gras

la flor
bloem

el valle
....
vallei

la montaña
....
heuvel

el lago
....
meer

el bosque
....
bos

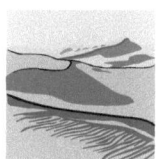

el desierto
....
woestijn

el volcán
....
vulkaan

el castillo
....
kasteel

el arco iris
....
regenboog

el champiñón
....
paddenstoel

la palmera
....
palmboom

el mosquito
....
mug

la mosca
....
vlieg

la hormiga
....
mier

la abeja
....
bijl

la araña
....
spin

el escarabajo
kever

la rana
kikker

la ardilla
eekhoorn

el erizo
egel

la liebre
haas

la lechuza
uil

el pájaro
vogel

el cisne
zwaan

el jabalí
wild zwijn

el ciervo
hert

el alce
eland

el embalse
dam

la turbina eólica
windturbine

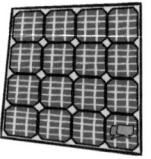

el panel solar
zonnepaneel

el clima
klimaat

el restaurante

restaurant

el camarero
ober
el menú
menu
la silla
stoel
la sopa
soep
la pizza
pizza
los cubiertos
bestek
el mantel
tafelkleed

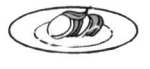

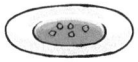

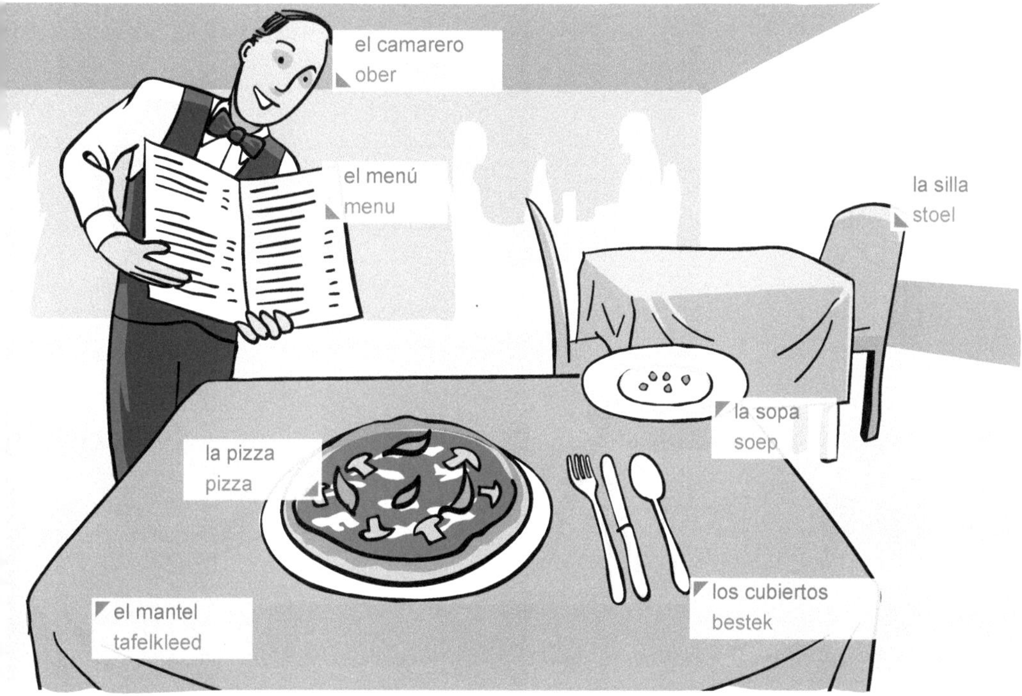

la entrada

voorgerecht

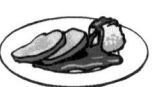

el plato fuerte

hoofdgerecht

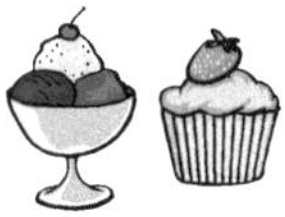

el postre

nagerecht

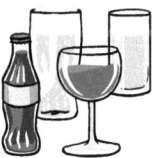

las bebidas

drankjes

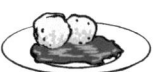

la comida

eten

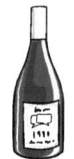

la botella

fles

la comida rápida

fastfood

la comida de la calle

street food

la tetera

theepot

la azucarera

suikerpot

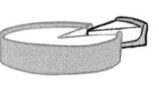

la porción

portie

la cafetera espresso

espressomachine

la periquera

kinderstoel

la cuenta

rekening

la charola

dienblad

el cuchillo

mes

el tenedor

vork

la cuchara

lepel

la cuchara de té

theelepel

la servilleta

serviette

el vaso

glas

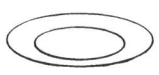

el plato

bord

el plato hondo

soepbord

el plato

schoteltje

la salsa

saus

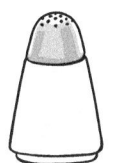

el salero

zoutvatje

el molino para pimienta

pepermolen

el vinagre

azijn

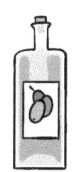

el aceite

olie

las especias

kruiden

el kétchup

ketchup

la mostaza

mosterd

la mayonesa

mayonaise

el supermercado
supermarkt

la oferta especial
aanbieding
FOR
el cliente
klant
los productos lácteos
zuivelproducten
la fruta
fruit
el carrito para compras
winkelwagen

BUTCHERS

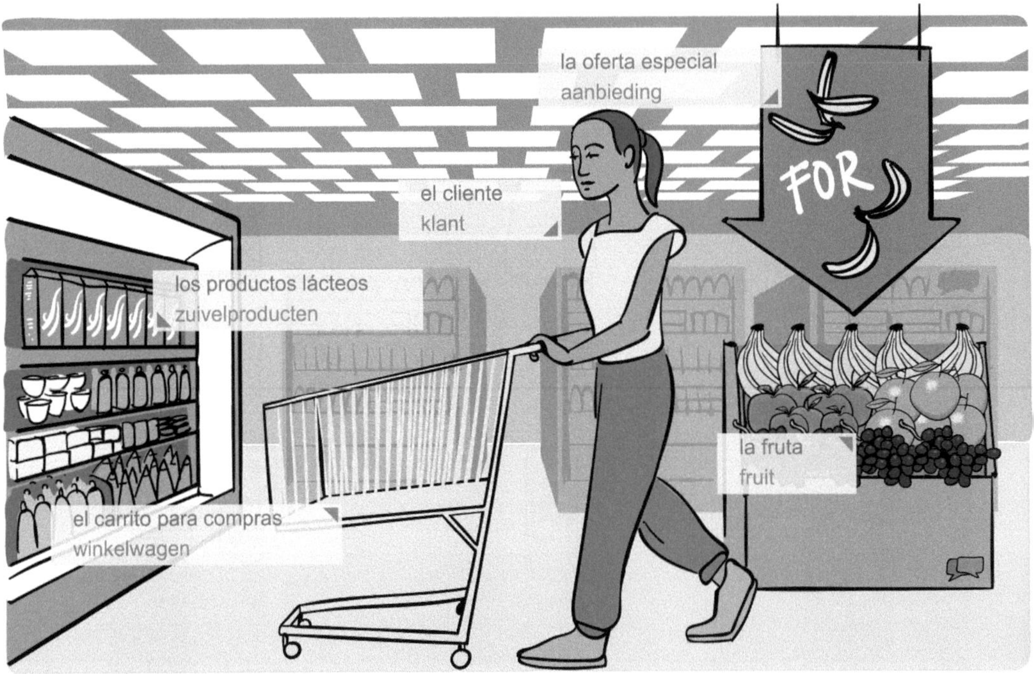

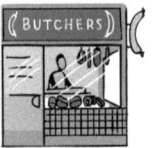

la carnicería

slagerij

BAKERY

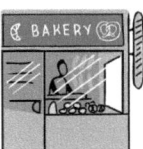

la panadería

bakkerij

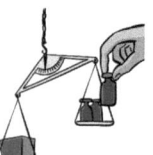

pesar

wegen

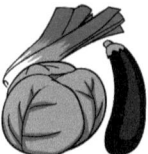

los vegetales

groenten

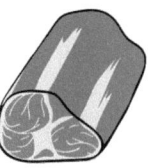

la carne

vlees

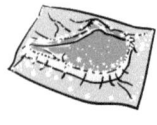

los alimentos congelados

diepvriesvoedsel

las carnes frías

charcuterie

los alimentos enlatados

conserven

el detergente en polvo

waspoeder

los dulces

snoep

los electrodomésticos

huishoudproducten

productos de limpieza

schoonmaakproducten

la vendedora

verkoopster

la caja

kassa

el cajero

kassier

la lista de compras

boodschappenlijstje

el horario de atención al público

openingstijden

la cartera

portefeuille

la tarjeta de crédito

kredietkaart

la bolsa

tas

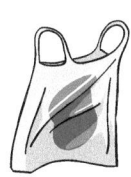

la bolsa de plástico

plastieken zakje

el agua

water

el jugo

sap

la leche

melk

el refresco de cola

cola

el vino

wijn

la cerveza

bier

el alcohol

alcohol

el cacao

cacao

el té

thee

el café

koffie

el espresso

espresso

el cappuccino

cappuccino

el plátano

banaan

la manzana

appel

la naranja

sinaasappel

el melón

meloen

el limón

citroen

la zanahoria

wortel

el ajo

knoflook

el bambú

bamboe

la cebolla

ajuin

el champiñón

champignon

las nueces

noten

los fideos

noodles

los espaguetis

spaghetti

el arroz

rijst

la ensalada

salade

las patatas fritas

frieten

las patatas fritas

gebakken aardappelen

la pizza

pizza

la hamburguesa

hamburger

el emparedado

sandwich

el filete

kalfslapje

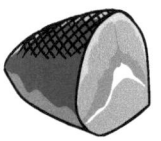

el jamón

ham

el salami

salami

la salchicha

worst

el pollo

kip

el asado

braden

el pescado

vis

los copos de avena

havervlokken

el muesli

muesli

los copos de maíz

cornflakes

la harina

bloem

el cuernito

croissant

el bolillo

pistolet

el pan

brood

la tostada

toast

las galletas

koekjes

la mantequilla

boter

la cuajada

kwark

el pastel

taart

el huevo

ei

el huevo frito

spiegelei

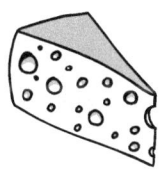

el queso

kaas

el helado

ijs

el azúcar

suiker

la miel

honing

la mermelada

confituur

la crema de chocolate

choco

el curry

curry

la granja
boerderij

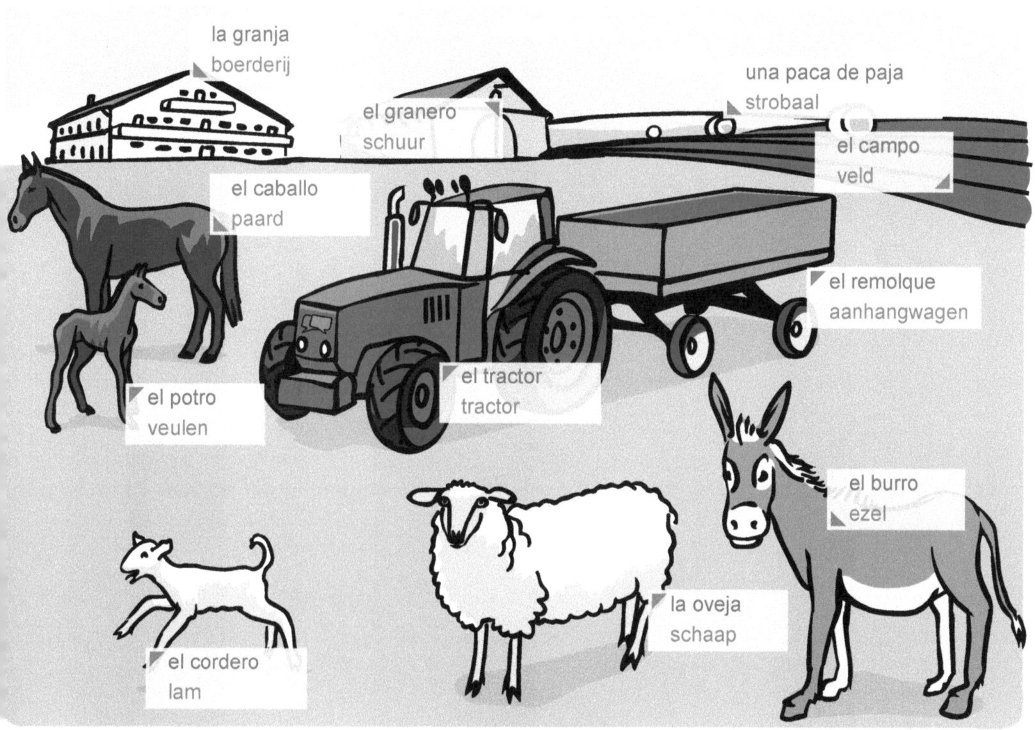

la granja
boerderij
el granero
schuur
una paca de paja
strobaal
el campo
veld
el caballo
paard
el remolque
aanhangwagen
el tractor
tractor
el potro
veulen
el burro
ezel
la oveja
schaap
el cordero
lam

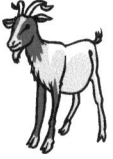

la cabra
geit

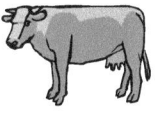

la vaca
koe

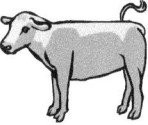

el ternero
kalf

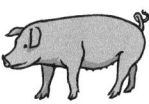

el cerdo
varken

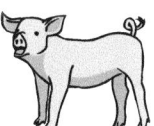

el lechón
biggetje

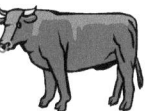

el toro
stier

el ganso

gans

el pato

eend

el pollo

kuiken

la gallina

kip

el gallo

haan

la rata

rat

el gato

kat

el ratón

muis

el buey

os

el perro

hond

la casa del perro

hondenhok

la manguera

tuinslang

la regadera

gieter

la guadaña

zeis

el arado

ploeg

la hoz

sikkel

el azadón

schoffel

la horquilla

hooivork

el hacha

bijl

la carretilla

kruiwagen

el bebedero

trog

el bote de leche

melkkan

el saco

zak

la valla

hek

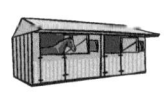

el establo

stal

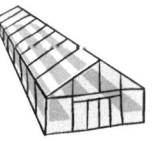

el invernadero

broeikas

el suelo

bodem

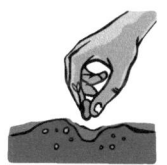

la semilla

zaad

el fertilizador

mest

la cosechadora

maaidorser

la granja - boerderij

cosechar

oogsten

la cosecha

oogst

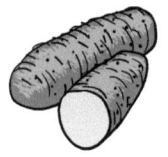

el camote

yam

el trigo

tarwe

la soja

soja

la patata

aardappel

el maíz

maïs

la semilla de colza

koolzaad

el árbol frutal

fruitboom

la mandioca

maniok

las cereales

graan

la casa
huis

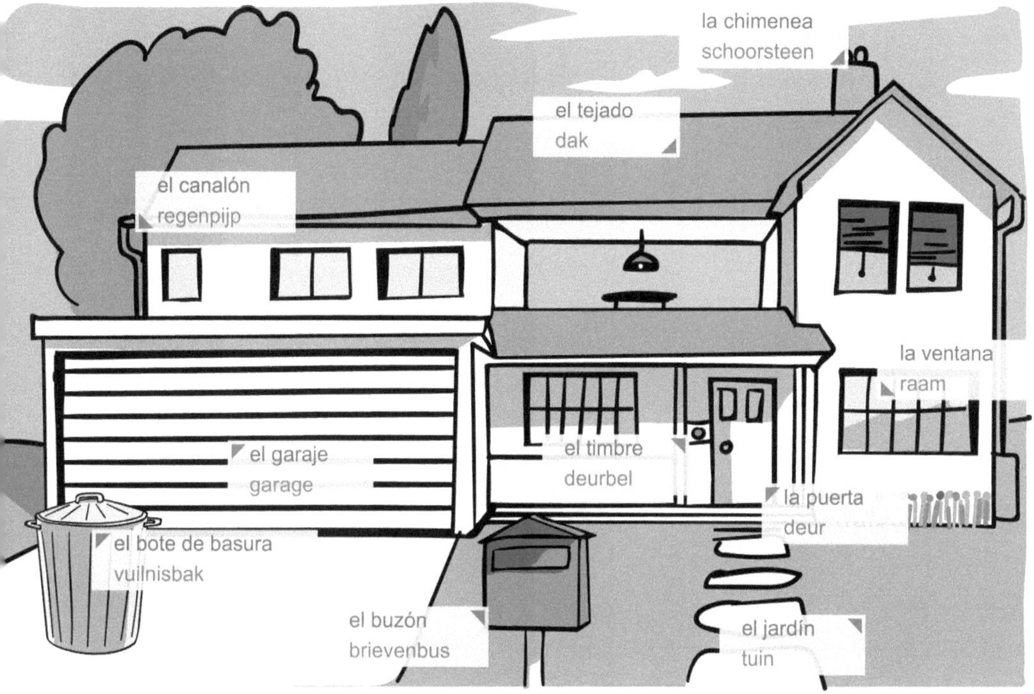
la chimenea
schoorsteen
el tejado
dak
el canalón
regenpijp
la ventana
raam
el garaje
garage
el timbre
deurbel
la puerta
deur
el bote de basura
vuilnisbak
el buzón
brievenbus
el jardín
tuin

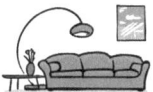

la estancia

woonkamer

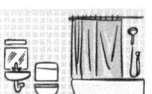

el baño

badkamer

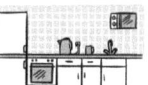

la cocina

keuken

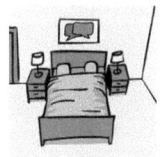

la recámara

slaapkamer

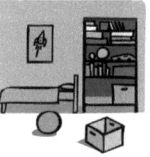

la recámara de los niños

kinderkamer

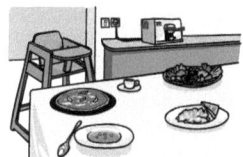

el comedor

eetkamer

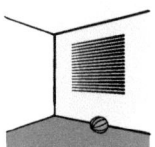

el suelo
vloer

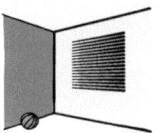

la pared
muur

el techo
plafond

el sótano
kelder

el sauna
sauna

el balcón
balkon

la terraza
terras

la alberca
zwembad

el cortacésped
grasmaaier

la sábana
dekbedovertrek

la colcha
dekbed

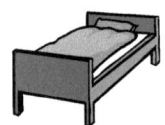

la cama
bed

la escoba
bezem

el balde
emmer

el interruptor
schakelaar

la estancia
woonkamer

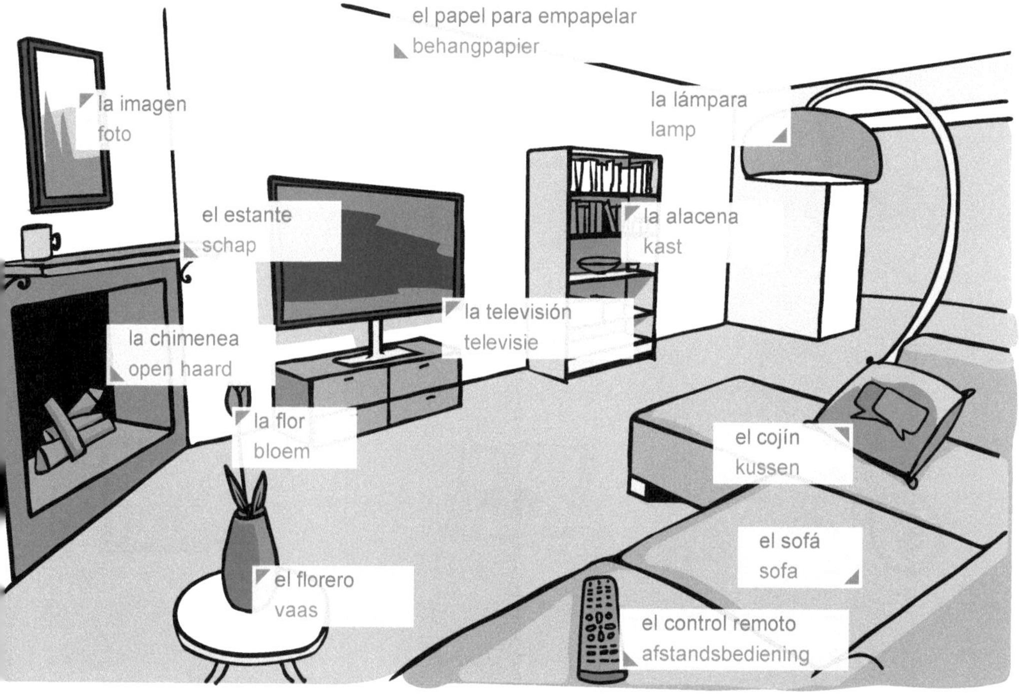

el papel para empapelar
behangpapier
la imagen
foto
la lámpara
lamp
el estante
schap
la alacena
kast
la televisión
televisie
la chimenea
open haard
la flor
bloem
el cojín
kussen
el sofá
sofa
el florero
vaas
el control remoto
afstandsbediening

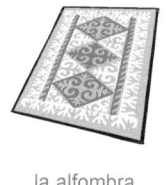

la alfombra

mat

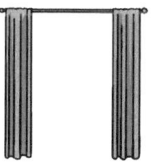

la cortina

gordijn

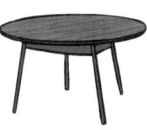

la mesa

tafel

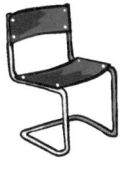

la silla

stoel

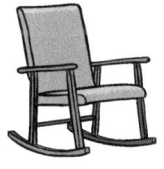

la mecedora

schommelstoel

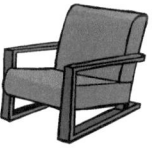

el sillón

fauteuil

el libro

boek

la frazada

deken

la decoración

decoratie

la leña

brandhout

la película

film

el equipo de música

stereo-installatie

la llave

sleutel

el periódico

krant

la pintura

schilderij

el póster

poster

la radio

radio

el cuaderno

notitieboekje

la aspiradora

stofzuiger

el cactus

cactus

la vela

kaars

la cocina

keuken

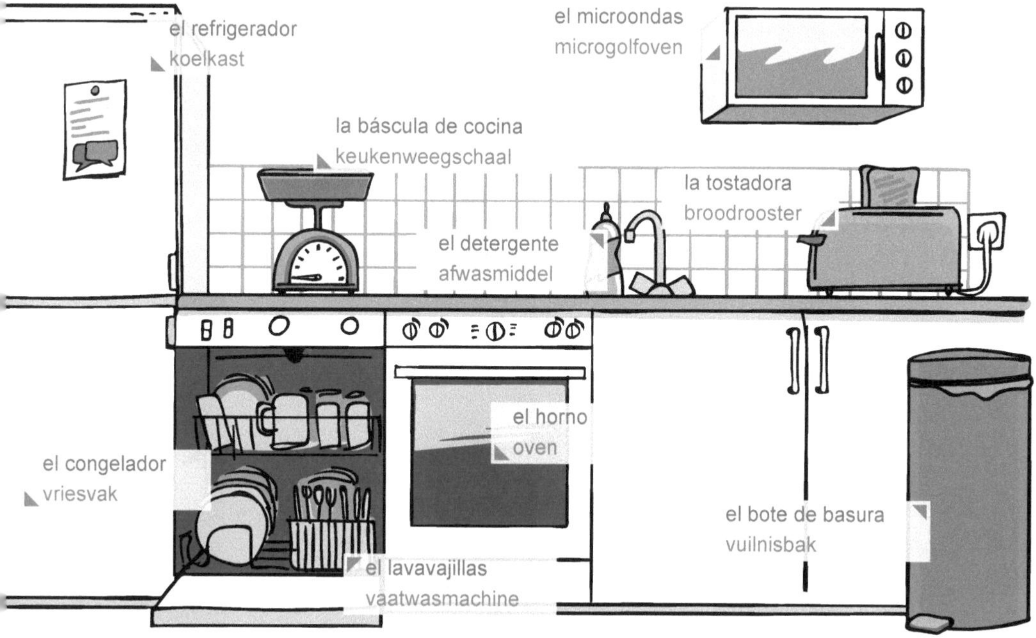

el refrigerador
koelkast
el microondas
microgolfoven
la báscula de cocina
keukenweegschaal
la tostadora
broodrooster
el detergente
afwasmiddel
el horno
oven
el congelador
vriesvak
el bote de basura
vuilnisbak
el lavavajillas
vaatwasmachine

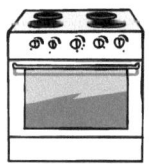

la olla a presión

fornuis

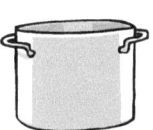

la olla

pot

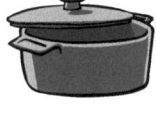

la olla de hierro fundido

gietijzeren pot

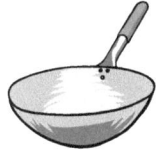

el wok

wok / kadai

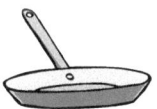

la sartén

pan

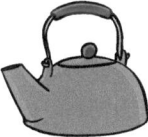

el hervidor

waterkoker

la vaporera

stoomkoker

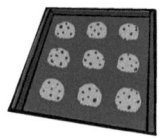

la charola de horno

bakplaat

la loza

servies

la taza

mok

el bol

kom

los palillos

eetstokjes

el cucharón

pollepel

la espátula

spatel

la batidora

garde

el colador

vergiet

el colador

zeef

el rallador

rasp

el mortero

mortier

la barbacoa

barbecue

la fogata

haardvuur

la tabla para picar

snijplank

el rodillo para amasar

deegrol

el sacacorchos

kurkentrekker

la lata

blik

el abrelatas

blikopener

el guante de cocina

pannenlap

el fregadero

gootsteen

el cepillo

borstel

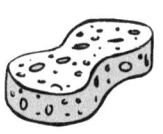

la esponja

spons

la batidora

blender

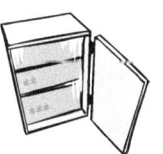

el congelador

vriezer

el biberón

papfles

la llave

kraan

el baño
badkamer

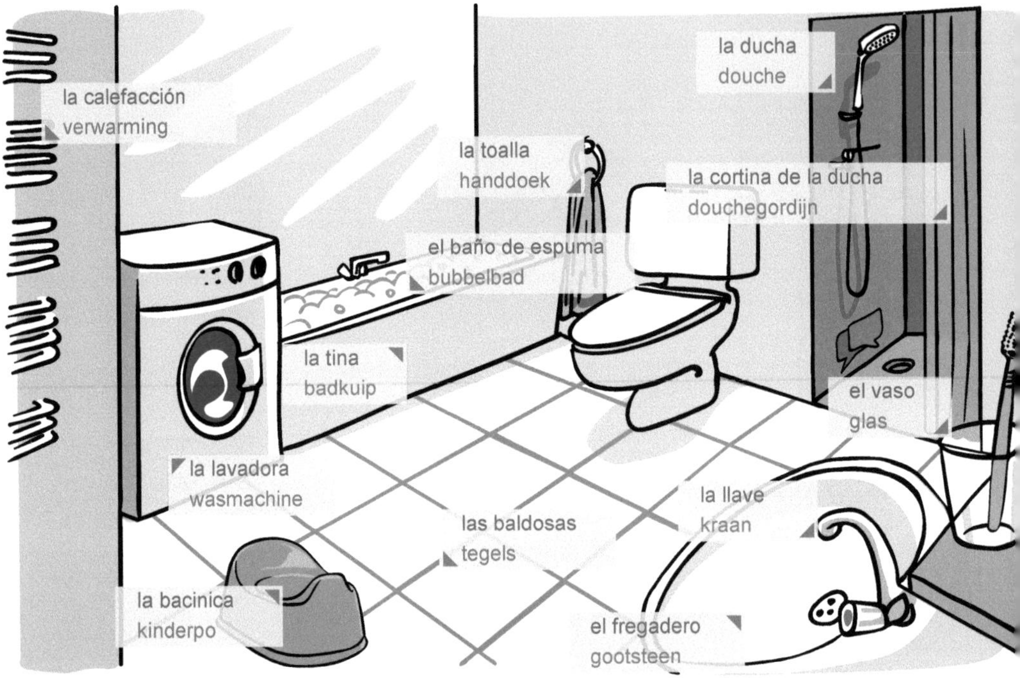

la calefacción
verwarming
la ducha
douche
la toalla
handdoek
la cortina de la ducha
douchegordijn
el baño de espuma
bubbelbad
la tina
badkuip
el vaso
glas
la lavadora
wasmachine
la llave
kraan
las baldosas
tegels
la bacinica
kinderpo
el fregadero
gootsteen

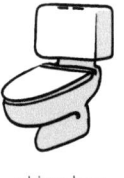

el inodoro

toilet

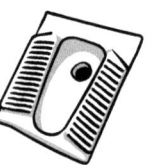

la letrina

hurktoilet

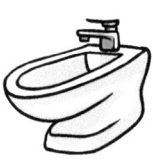

el bidé

bidet

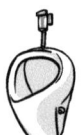

el mingitorio

urinoir

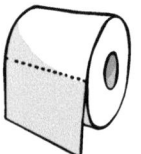

el papel higiénico

toiletpapier

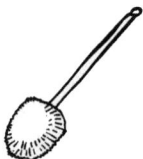

el cepillo para baño

toiletborstel

el cepillo de dientes

tandenborstel

la pasta dental

tandpasta

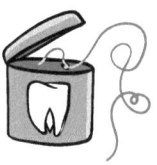

el hilo dental

flosdraad

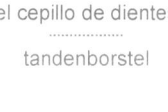

lavar

wassen

la ducha de mano

handdouche

la ducha vaginal

bidethanddouche

el fregadero

waskom

el cepillo de espalda

rugborstel

el jabón

zeep

el gel de ducha

douchegel

el champú

shampoo

la toallita

washandje

el drenaje

afvoer

la crema

crème

el desodorante

deodorant

el espejo

spiegel

el espejo de tocador

handspiegel

la máquina para afeitar

scheermes

la espuma de afeitar

scheerschuim

la loción para después de afeitar

aftershave

el peine

kam

el cepillo

borstel

la secadora

haardroger

la laca

haarlak

el maquillaje

make-up

el lápiz labial

lippenstift

el esmalte para uñas

nagellak

el algodón

watten

las tijeras para uñas

nagelknipper

el perfume

parfum

l estuche para cosméticos

toilettas

el taburete

kruk

la báscula

weegschaal

la bata

badjas

los guantes de goma

latex handschoenen

el tampón

tampon

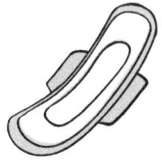

la toalla sanitaria

maandverband

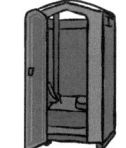

el baño móvil

chemisch toilet

la recámara de los niños
kinderkamer

el despertador
wekker
el peluche
knuffel
el carro de juguete
speelgoedauto
la sonaja
rammelaar
la casa de muñecas
poppenhuis
el regalo
geschenk

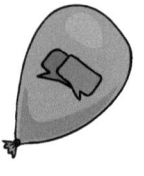

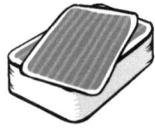

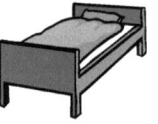

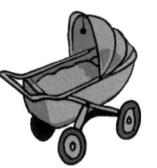

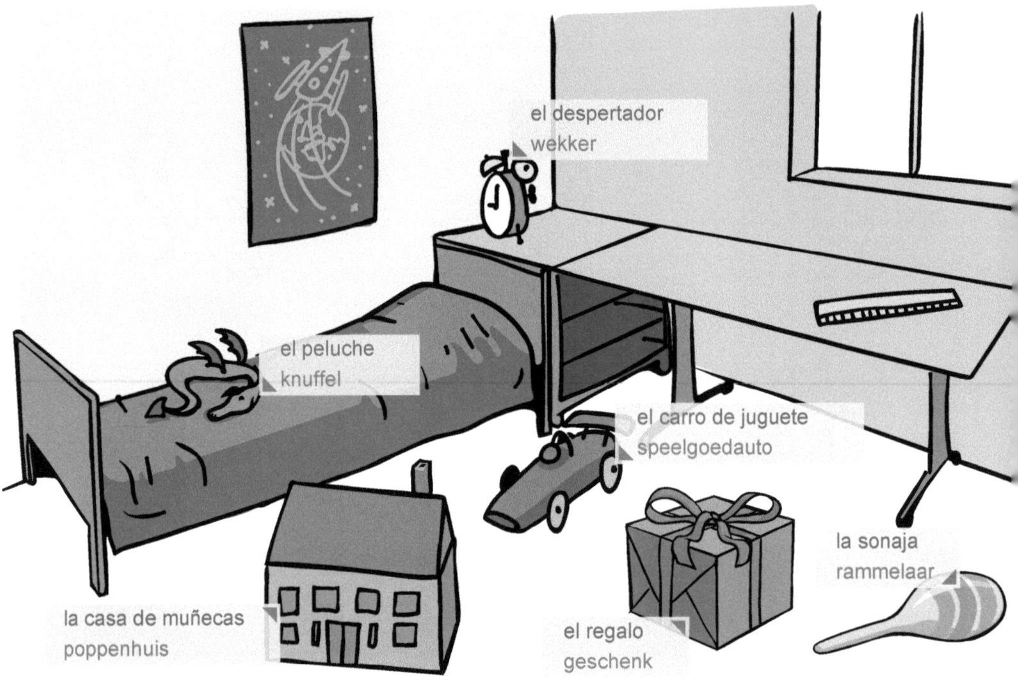

el globo

ballon

la cama

bed

la carriola

kinderwagen

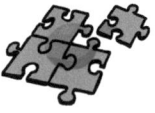

las cartas

spel kaarten

el rompecabezas

puzzel

SUPER MEGA

el cómic

stripboek

las piezas de lego
legoblokjes

los bloques para jugar
blokken

la figura de acción
actiefiguur

el mameluco
kruippakje

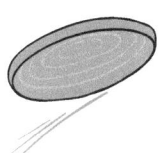

el frisbee
frisbee

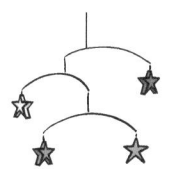

el móvil para bebés
mobiel

el juego de mesa
bordspel

los dados
dobbelsteen

el tren eléctrico
modelspoorweg

el maniquí
fopspeen

la fiesta
feest

el álbum de fotos
prentenboek

el balón
bal

la muñeca
pop

jugar
spelen

el arenero

zandbak

el columpio

schommel

los juguetes

speelgoed

la consola de videojuegos

spelconsole

el triciclo

driewieler

el oso de peluche

knuffelbeer

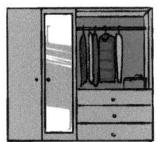

el clóset

kleerkast

la ropa

kleding

los calcetines

sokken

las pantimedias

kousen

las mallas

maillot

la bufanda
sjaal

el paraguas
paraplu

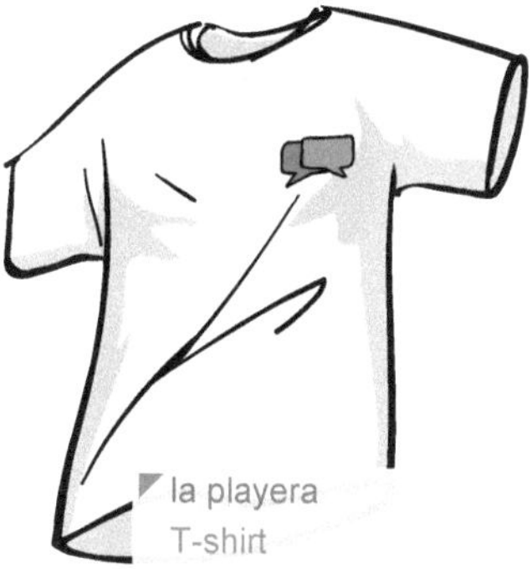

la playera
T-shirt

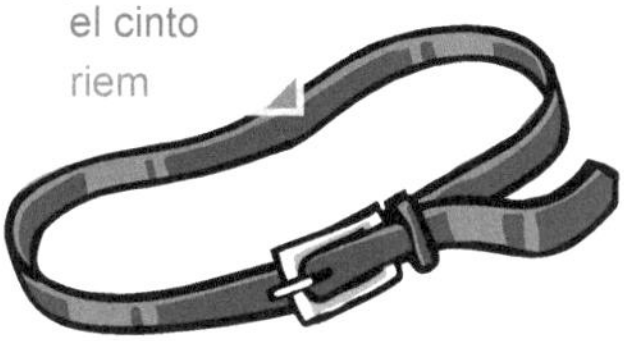

el cinto
riem

las botas
laarzen

las chanclas
slippers

los tenis
sneakers

las sandalias
sandalen

los zapatos
schoenen

las botas de goma
rubberlaarzen

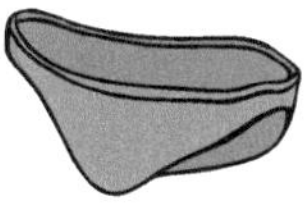

la ropa interior
onderbroek

el brasier
beha

el chaleco
onderhemd

el body

lichaam

los pantalones

broek

los pantalones de mezclilla

jeans

la falda

rok

la blusa

blouse

la camisa

hemd

el suéter

trui

la sudadera

capuchontrui

el saco sport

blazer

la chamarra

jas

el abrigo

jas

el impermeable

regenjas

el traje

kostuum

el vestido

jurk

el vestido de novia

trouwjurk

el traje

pak

el camisón

nachthemd

el pijama

pyjama

el sari

sari

el pañuelo para la cabeza

hoofddoek

el turbante

tulband

la burka

boerka

el caftán

kaftan

la abaya

abaya

el traje de baño

badpak

el short de baño

zwembroek

los shorts

short

los pants

trainingspak

el delantal

schort

los guantes

handschoenen

el botón

knoop

las gafas

bril

el brazalete

armband

el collar

ketting

el anillo

ring

el arete

oorbel

la gorra

pet

el gancho

kapstok

el sombrero

hoed

la corbata

das

el cierre

rits

el casco

helm

los tirantes

bretellen

el uniforme

schooluniform

el uniforme

uniform

el babero

slabbetje

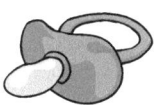

el maniquí

fopspeen

el pañal

luier

la oficina
kantoor

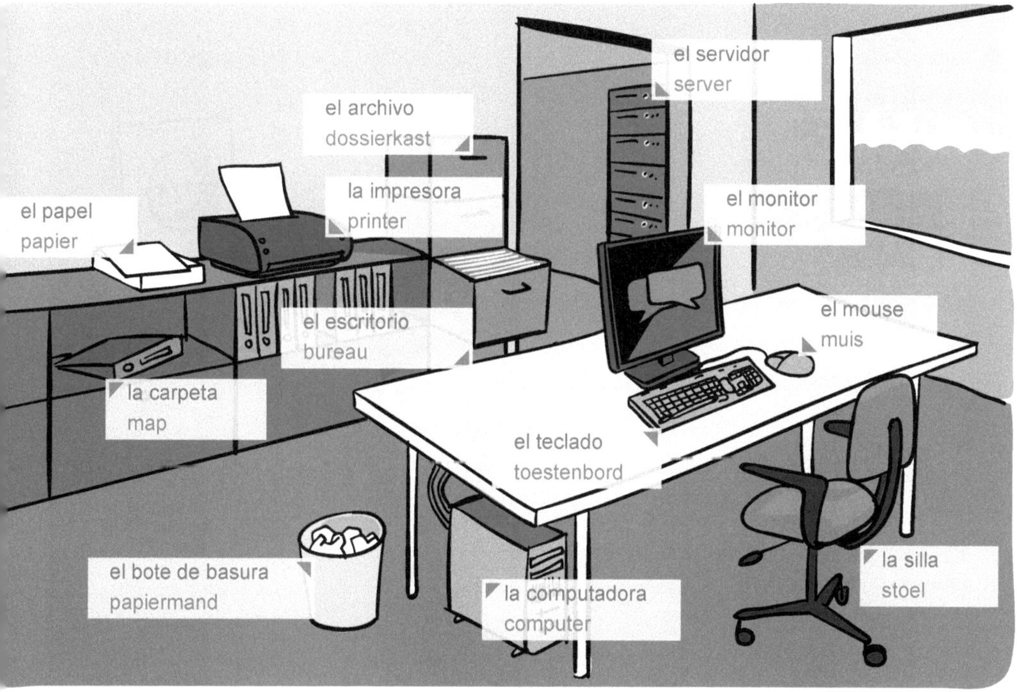

el servidor
server

el archivo
dossierkast

la impresora
printer

el papel
papier

el monitor
monitor

el escritorio
bureau

el mouse
muis

la carpeta
map

el teclado
toestenbord

el bote de basura
papiermand

la silla
stoel

la computadora
computer

la taza de café

koffiemok

la calculadora

rekenmachine

el internet

internet

la notebook

laptop

la carta

brief

el mensaje

bericht

el móvil

gsm

la red

netwerk

la fotocopiadora

kopieerapparaat

el software

software

el teléfono

telefoon

el tomacorriente

stopcontact

el fax

fax

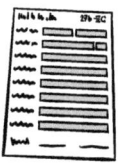

el formulario

formulier

el documento

document

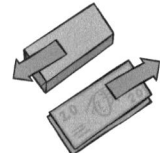

comprar
kopen

pagar
betalen

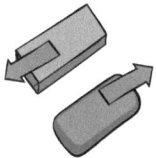

hacer negocios
handelen

el dinero
geld

el dólar
dollar

el euro
euro

el yen
yen

el rublo
roebel

el franco suizo
Zwitserse frank

el yuan
Chinese renminbi

la rupia
roepie

el cajero automático
geldautomaat

la casa de cambio

wisselkantoor

el oro

goud

la plata

zilver

el petróleo

olie

la energía

energie

el precio

prijs

el contrato

contract

el impuesto

belasting

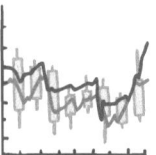

la acción

aandeel

trabajar

werken

el empleado

werknemer

el empleador

werkgever

la fábrica

fabriek

la tienda

winkel

las ocupaciones
beroepen

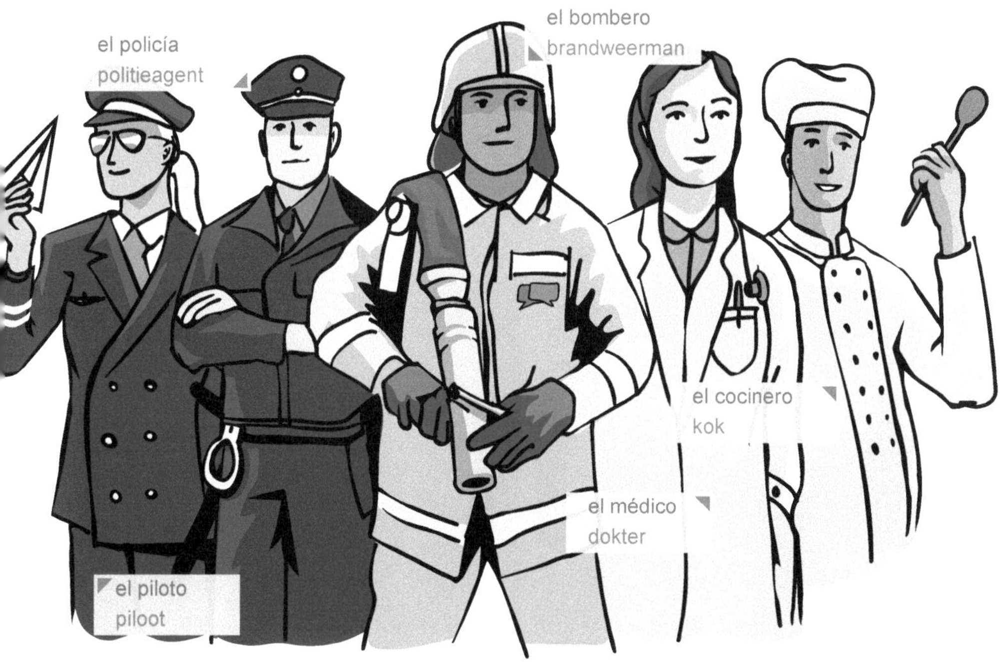
el policía
politieagent
el bombero
brandweerman
el cocinero
kok
el médico
dokter
el piloto
piloot

el jardinero

tuinman

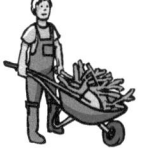

el carpintero

timmerman

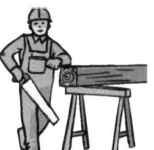

la costurera

naaister

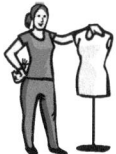

el juez

rechter

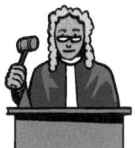

el farmacéutico

chemicus

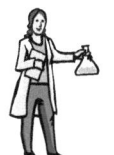

el actor

acteur

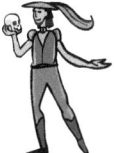

el conductor de autobús

buschauffeur

el taxista

taxichauffeur

el pescador

visser

la señora de la limpieza

schoonmaakster

el instalador de techos

dakdekker

el camarero

ober

el cazador

jager

el pintor

schilder

el panadero

bakker

el electricista

elektricien

el obrero

bouwvakker

el ingeniero

ingenieur

el carnicero

slager

el plomero

loodgieter

el cartero

postbode

el soldado
soldaat

el arquitecto
architect

el cajero
kassier

el florista
bloemist

el peluquero
kapper

el cobrador
conducteur

el mecánico
mecanicien

el capitán
kapitein

el dentista
tandarts

el científico
wetenschapper

el rabino
rabbijn

el imán
imam

el monje
monnik

el sacerdote
geestelijke

las herramientas

werktuigen

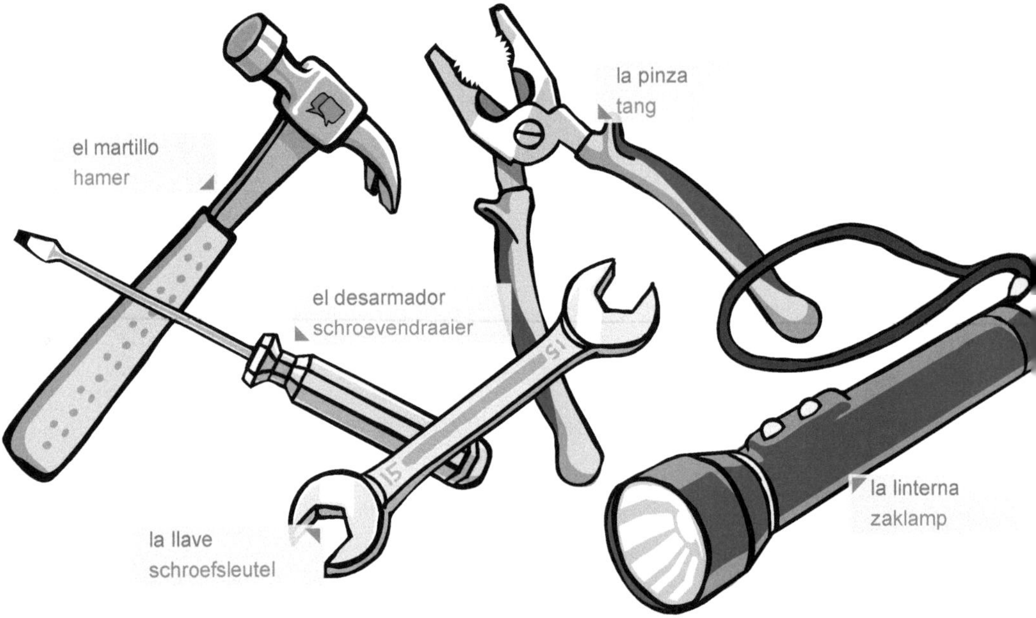

el martillo
hamer
la pinza
tang
el desarmador
schroevendraaier
la linterna
zaklamp
la llave
schroefsleutel

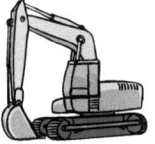

la excavadora

graafmachine

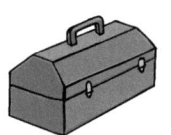

la caja de herramientas

gereedschapskoffer

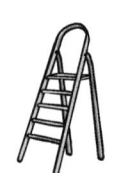

la escalera de mano

ladder

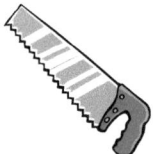

la sierra

zaag

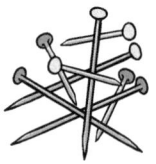

los clavos

spijkers

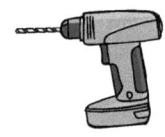

el taladro

boormachine

reparar
repareren

la pala
schop

¡Maldición!
Verdomme!

el recogedor
blik

el bote de pintura
verfpot

los tornillos
schroeven

los instrumentos musicales
muziekinstrumenten

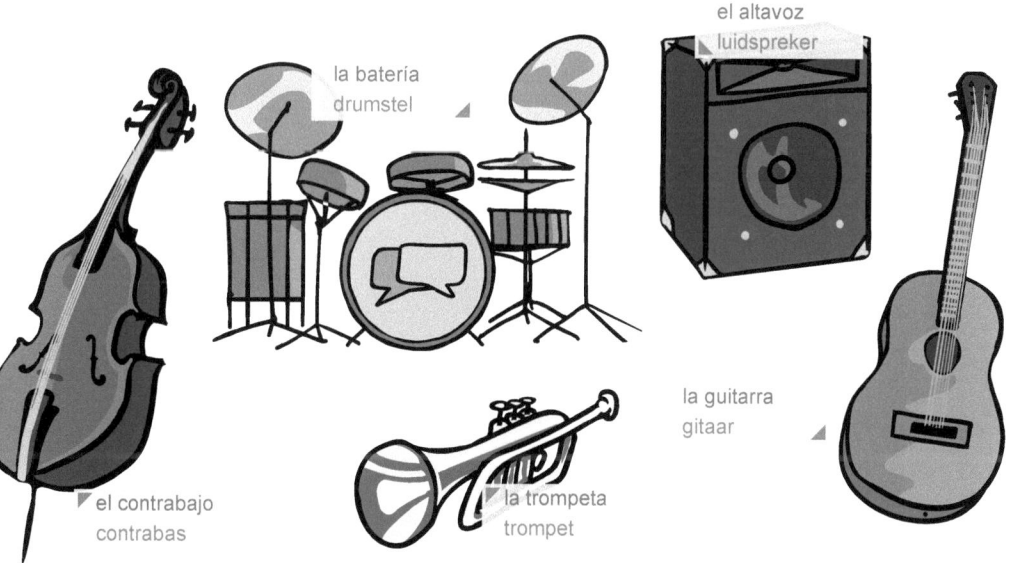

el altavoz
luidspreker

la batería
drumstel

la guitarra
gitaar

el contrabajo
contrabas

la trompeta
trompet

el piano

piano

el violín

viool

el bajo

basgitaar

los timbales

pauk

el tambor

trommels

el teclado

keyboard

el saxofón

saxofoon

la flauta

fluit

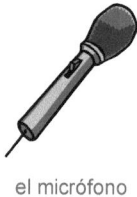

el micrófono

microfoon

el zoológico

zoo

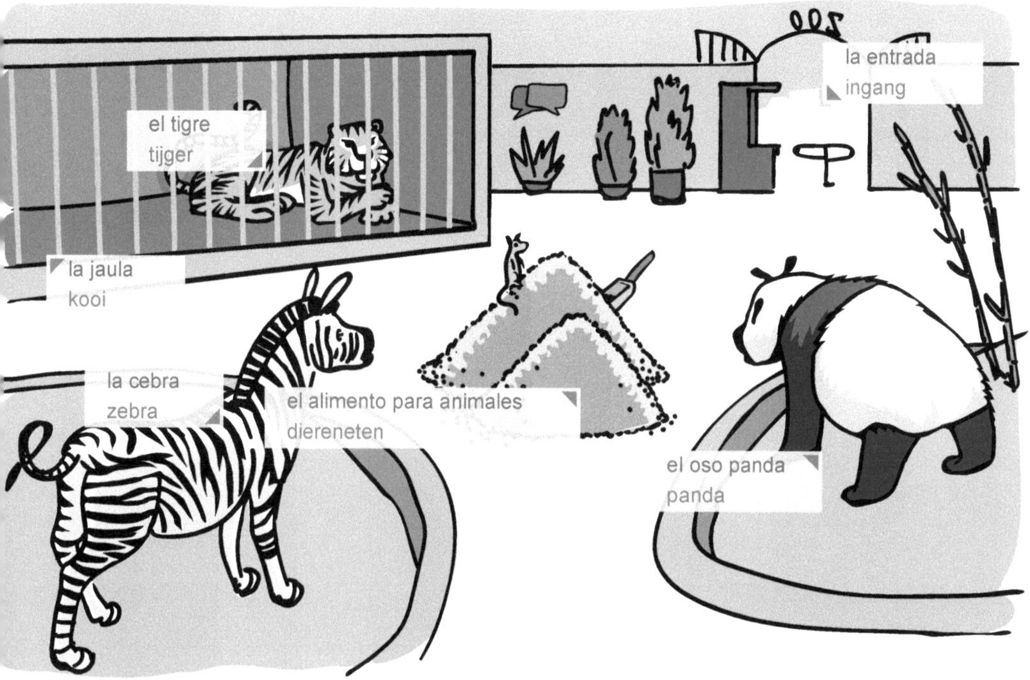

la entrada
ingang
el tigre
tijger
la jaula
kooi
la cebra
zebra
el alimento para animales
diereneten
el oso panda
panda

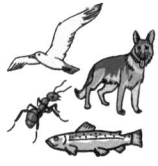

los animales

dieren

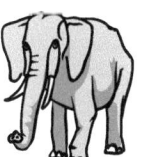

el elefante

olifant

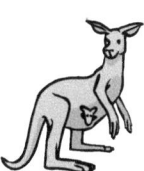

el canguro

kangoeroe

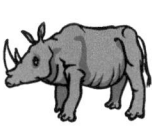

el rinoceronte

neushoorn

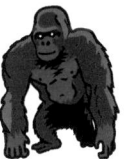

el gorila

gorilla

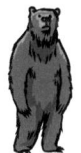

el oso

beer

el camello

kameel

el avestruz

struisvogel

el león

leeuw

el mono

aap

el flamenco

flamingo

el loro

papegaai

el oso polar

ijsbeer

el pingüino

pinguïn

el tiburón

haai

el pavo real

pauw

la serpiente

slang

el cocodrilo

krokodil

el guardián de zoológico

dierenverzorger

la foca

zeehond

el jaguar

jaguar

el zoológico - zoo

el poni

pony

el leopardo

luipaard

el hipopótamo

nijlpaard

la jirafa

giraffe

el águila

adelaar

el jabalí

wild zwijn

el pescado

vis

la tortuga

zeeschildpad

la morsa

walrus

el zorro

vos

la gacela

gazelle

el fútbol americano
rugby

el ciclismo
wielrennen

el tenis
tennis

el baloncesto
basketbal

la natación
zwemmen

el boxeo
boksen

el hockey sobre hielo
ijshockey

el fútbol

voetbal

el bádminton

badminton

el atletismo

atletiek

el handball

handbal

el esquí

skiën

el polo

polo

saltar
springen

abrazar
knuffelen

reír
lachen

caminar
wandelen

cantar
zingen

soñar
dromen

rezar
bidden

besar
kussen

escribir
schrijven

dibujar
tekenen

mostrar
tonen

empujar
duwen

dar
geven

tomar
nemen

tener

hebben

hacer

doen

ser

zijn

estar parado

staan

correr

lopen

jalar

trekken

arrojar

gooien

caer

vallen

estar acostado

liggen

esperar

wachten

llevar

dragen

estar sentado

zitten

vestirse

aankleden

dormir

slapen

despertar

ontwaken

mirar

kijken naar

llorar

wenen

acariciar

aaien

peinar

kammen

hablar

praten

entender

begrijpen

preguntar

vragen

escuchar

luisteren

beber

drinken

comer

eten

ordenar

opruimen

amar

houden van

cocinar

koken

conducir

rijden

volar

vliegen

navegar

zeilen

calcular

rekenen

leer

Lezen

aprender

leren

trabajar

werken

casarse

trouwen

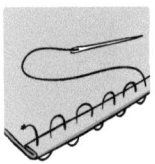

coser

naaien

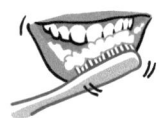

cepillarse los dientes

tandenpoetsen

matar

doden

fumar

roken

enviar

sturen

la familia
familie

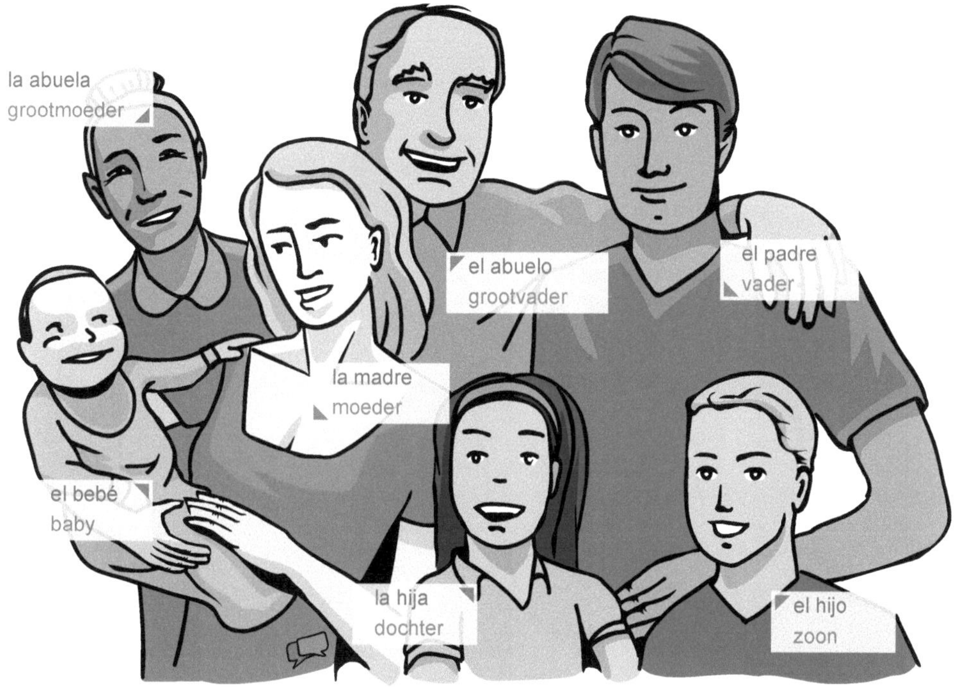
la abuela
grootmoeder
el abuelo
grootvader
el padre
vader
la madre
moeder
el bebé
baby
la hija
dochter
el hijo
zoon

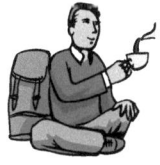

el invitado
gast

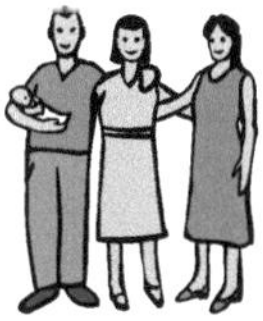

la tía
tante

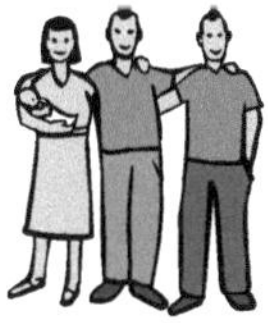

el tío
oom

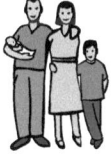

el hermano
broer

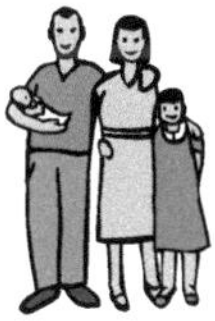

la hermana
zus

el cuerpo
lichaam

la frente
voorhoofd
el ojo
oog
el hombro
schouder
el dedo
vinger
la cara
gezicht
la barbilla
kin
la mano
hand
la pierna
been
el pecho
borst
el brazo
arm

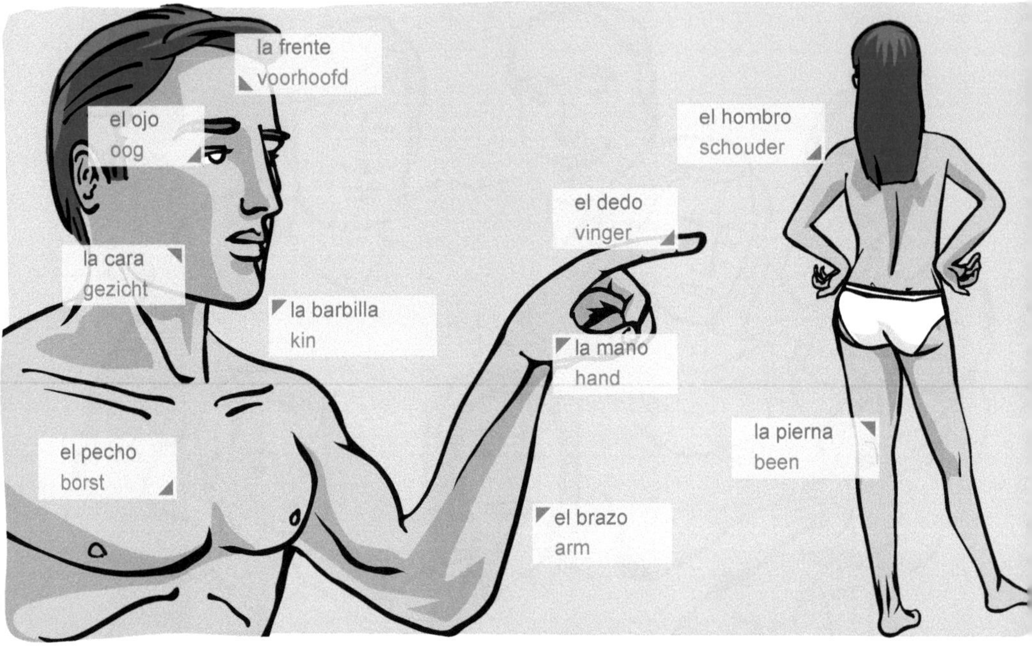

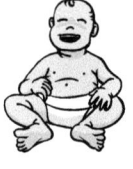

el bebé
baby

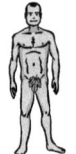

el hombre
man

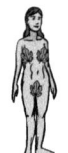

la mujer
vrouw

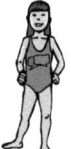

la niña
meisje

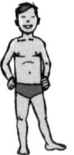

el niño
jongen

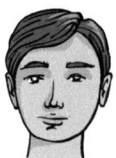

la cabeza
hoofd

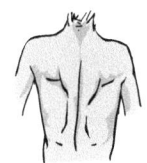

la espalda

rug

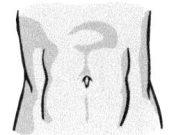

la barriga

buik

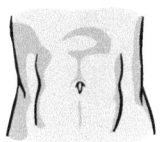

el ombligo

navel

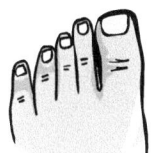

el dedo del pie

teen

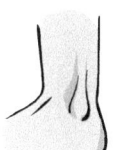

el talón

hiel

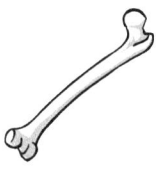

el hueso

bot

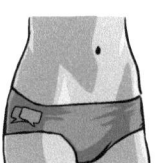

la cadera

heup

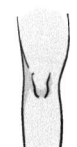

la rodilla

knie

el codo

elleboog

la nariz

neus

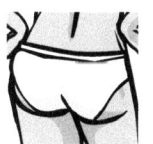

las pompis

zitvlak

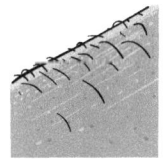

la piel

huid

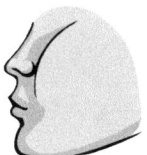

la mejilla

wang

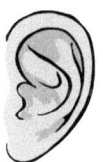

el oído

oor

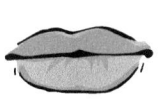

el labio

lip

la boca

mond

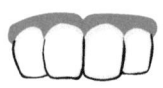

el diente

tand

la lengua

tong

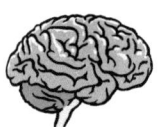

el cerebro

hersenen

el corazón

hart

el músculo

spier

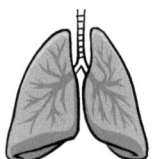

el pulmón

long

el hígado

lever

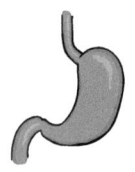

el estómago

maag

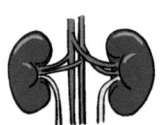

los riñones

nieren

el sexo

seks

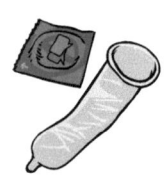

el condón

condoom

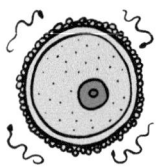

el óvulo

eicel

el semen

sperma

el embarazo

zwangerschap

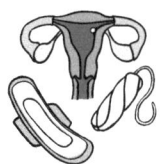

la menstruación

menstruatie

la vagina

vagina

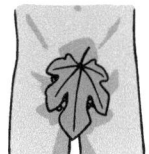

el pene

penis

la ceja

wenkbrauw

el cabello

haar

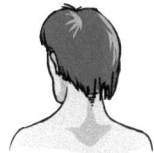

el cuello

nek

el hospital
ziekenhuis

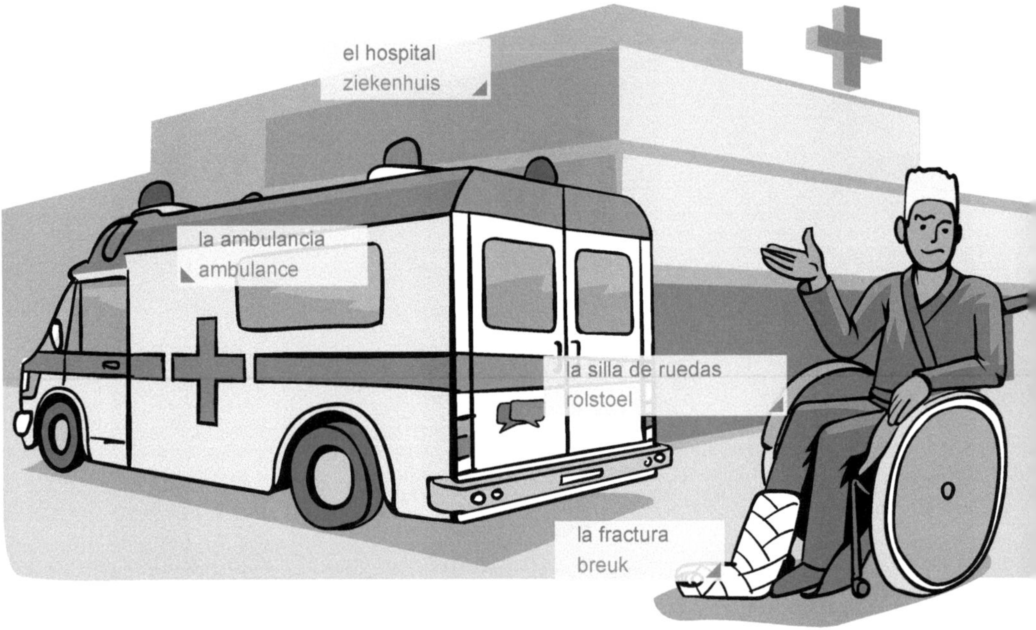

el hospital
ziekenhuis
la ambulancia
ambulance
la silla de ruedas
rolstoel
la fractura
breuk

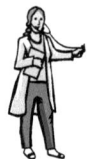

el médico

dokter

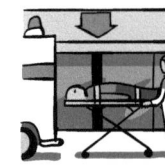

la sala de emergencias

spoed

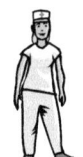

la enfermera

verpleegkundige

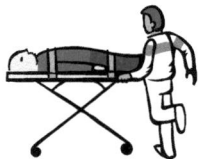

la emergencia

noodgeval

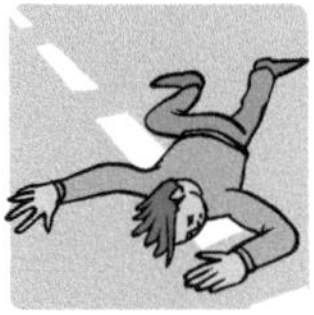

inconsciente

bewusteloos

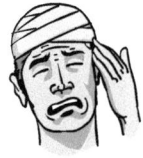

el dolor

pijn

la lesión

verwonding

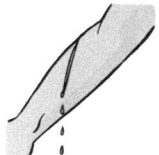

la hemorragia

bloeding

el infarto

hartaanval

el accidente
cerebrovascular

beroerte

la alergia

allergie

la tos

hoest

la fiebre

koorts

la gripa

griep

la diarrea

diarree

el dolor de cabeza

hoofdpijn

el cáncer

kanker

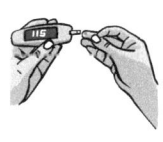

la diabetes

diabetes

el cirujano

chirurg

el bisturí

scalpel

la operación

operatie

TC
CT

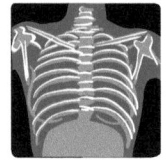

los rayos x
röntgenstraal

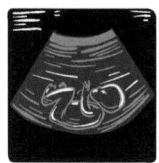

el ultrasonido
ultrageluid

la mascarilla
gezichtsmasker

la enfermedad
ziekte

la sala de espera
wachtkamer

la muleta
kruk

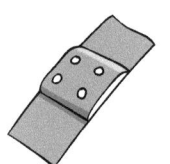

la vendita
pleister

el vendaje
verband

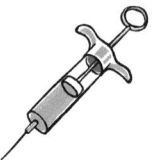

la inyección
injectie

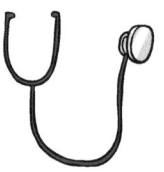

el estetoscopio
stethoscoop

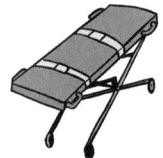

la camilla
brancard

el termómetro
thermometer

el nacimiento
geboorte

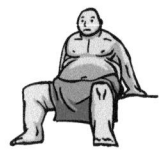

el sobrepeso
overgewicht

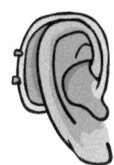

el audífono

hoorapparaat

el desinfectante

ontsmettingsmiddel

la infección

infectie

el virus

virus

VIH / SIDA

HIV / AIDS

la medicina

medicijn

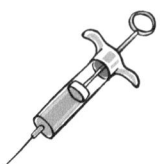

la vacunación

vaccinatie

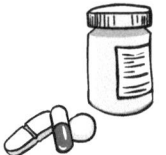

las tabletas

tabletten

la pastilla anticonceptiva

pil

la llamada de emergencia

noodoproep

el medidor de presión

bloeddrukmeter

enfermo / sano

ziek / gezond

¡Socorro!

Help!

la alarma

alarm

la agresión

overval

el ataque

aanval

el peligro

gevaar

la salida de emergencia

nooduitgang

¡Fuego!

Brand!

el extintor de incendios

brandblusser

el accidente

ongeval

el botiquín de primeros auxilios

EHBO-kit

SOS

SOS

la policía

politie

Europa

Europa

Norteamérica

Noord-Amerika

Sudamérica

Zuid-Amerika

África

Afrika

Asia

Azië

Australia

Australië

el Atlántico

Atlantische Oceaan

el Pacífico

Stille Oceaan

el Océano Índico

Indische Oceaan

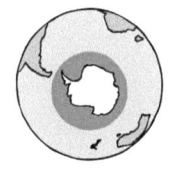

el Océano Antártico

Antarctische Oceaan

el Océano Ártico

Arctische Oceaan

el polo norte

Noordpool

el polo sur

Zuidpool

la Antártida

Antarctica

la tierra

aarde

la tierra

land

el mar

zee

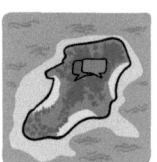

la isla

eiland

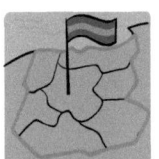

la nación

natie

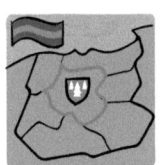

el estado

staat

la esfera

wijzerplaat

la manecilla de las horas

uurwijzer

el minutero

minuutwijzer

el segundero

secondewijzer

¿Qué hora es?

Hoe laat is het?

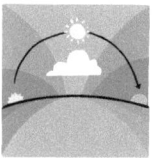

el día

dag

la hora

tijd

ahora

nu

el reloj digital

digitale horloge

el minuto

minuut

la hora

uur

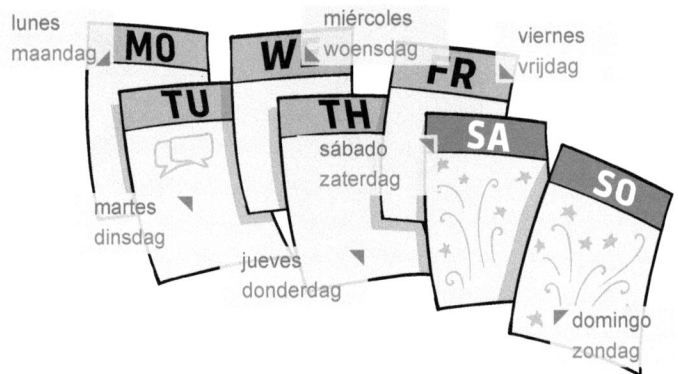

lunes
maandag

MO

W woensdag
miércoles

TU

TH
sábado
zaterdag

FR viernes
vrijdag

SA

SO

martes
dinsdag

jueves
donderdag

domingo
zondag

ayer

gisteren

hoy

vandaag

mañana

morgen

la mañana

ochtend

el mediodía

middag

la tarde

avond

MO	TU	WE	TH	FR	SA	SU
1	2	3	4	5	6	7
8	9	10	11	12	13	14
15	16	17	18	19	20	21
22	23	24	25	26	27	28
29	30	31	1	2	3	4

los días laborables

werkdagen

MO	TU	WE	TH	FR	SA	SU
1	2	3	4	5	6	7
8	9	10	11	12	13	14
15	16	17	18	19	20	21
22	23	24	25	26	27	28
29	30	31	1	2	3	4

el fin de semana

weekend

la lluvia
regen

el arco iris
regenboog

la nieve
sneeuw

el viento
wind

la primavera
lente

el verano
zomer

el otoño
herfst

el invierno
winter

4.APRIL	11°	☀
5.APRIL	4°	☁
6.APRIL	13°	⛅
7.APRIL	8°	❄
8.APRIL	10°	☀

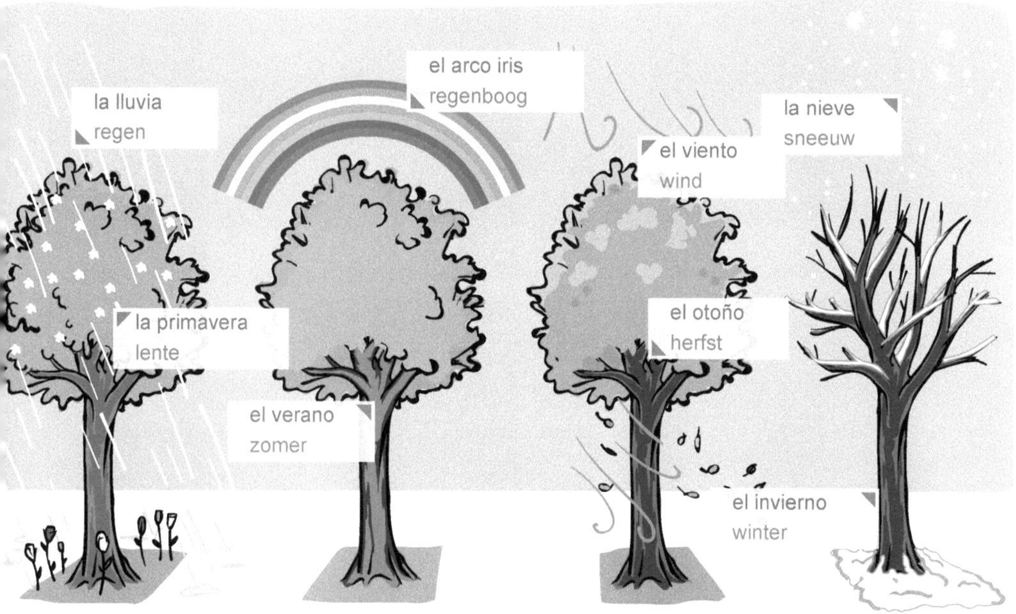

el pronóstico del tiempo

weervoorspelling

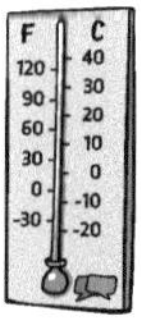

el termómetro

thermometer

el sol

zonneschijn

la nube

wolk

la niebla

mist

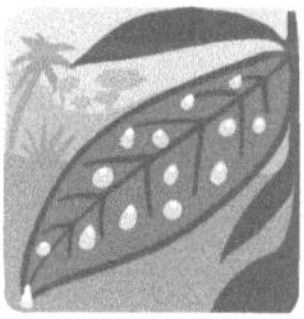

la humedad

vochtigheid

el rayo

bliksem

el trueno

donder

la tormenta

storm

el granizo

hagel

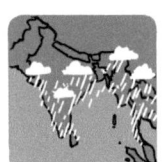

el monzón

moesson

la inundación

overstroming

el hielo

ijs

enero

januari

febrero

februari

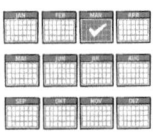

marzo

maart

abril

april

mayo

mei

junio

juni

julio

juli

agosto

augustus

septiembre
....
september

octubre
....
oktober

noviembre
....
november

diciembre
....
december

las formas
vormen

el círculo
....
cirkel

el cuadrado
....
kwadraat

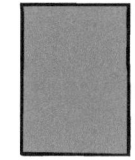

el rectángulo
....
rechthoek

el triángulo
....
driehoek

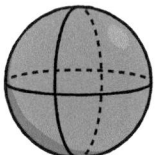

la esfera
....
bol

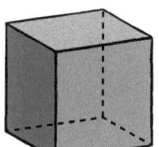

el cubo
....
kubus

blanco
....
wit

amarillo
....
geel

naranja
....
oranje

rosa
....
roze

rojo
....
rood

morado
....
paars

azul
....
blauw

verde
....
groen

marrón
....
bruin

gris
....
grijs

negro
....
zwart

mucho / poco

veel / weinig

enojado / tranquilo

boos / kalm

bonito / feo

mooi / lelijk

principio / fin

begin / einde

grande / pequeño

groot / klein

claro / oscuro

licht / donker

el hermano / la hermana

broer / zus

limpio / sucio

proper / vuil

completo / incompleto

volledig / onvolledig

el día / la noche

dag / nacht

muerto / vivo

dood / levend

ancho / angosto

breed / smal

comestible / no comestible

....

eetbaar / oneetbaar

malo / amable

....

kwaadaardig / vriendelijk

entusiasmado / aburrido

....

opgewonden / verveeld

gordo / delgado

....

dik / dun

primero / último

....

eerst / laatst

el amigo / el enemigo

....

vriend / vijand

lleno / vacío

....

vol / leeg

duro / blando

....

hard / zacht

pesado / ligero

....

zwaar / licht

el hambre / la sed

....

honger / dorst

enfermo / sano

....

ziek / gezond

ilegal / legal

....

illegaal / legaal

inteligente / tonto

....

intelligent / dom

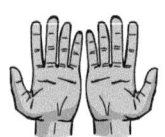

izquierda / derecha

....

links / rechts

cerca / lejos

....

dichtbij / veraf

los opuestos - tegengestelden

nuevo / usado

nieuw / gebruikt

nada / algo

niets / iets

viejo / joven

oud / jong

encendido / apagado

aan / uit

abierto / cerrado

open / dicht

silencioso / ruidoso

stil / luid

rico / pobre

rijk / arm

correcto / incorrecto

juist / fout

áspero / suave

ruw / glad

triste / contento

droevig / blij

corto / largo

kort / lang

lento / rápido

traag / snel

húmedo / seco

nat / droog

caliente / frío

warm / koud

guerra / paz

oorlog / vrede

0

cero
....
nul

1

uno
....
één

2

dos
....
twee

3

tres
....
drie

4

cuatro
....
vier

5

cinco
....
vijf

6

seis
....
zes

7

siete
....
zeven

8

ocho
....
acht

9

nueve
....
negen

10

diez
....
tien

11

once
....
elf

12

doce

twaalf

13

trece

dertien

14

catorce

veertien

15

quince

vijftien

16

dieciséis

zestien

17

diecisiete

zeventien

18

dieciocho

achtien

19

diecinueve

negentien

20

veinte

twintig

100

cien

honderd

1.000

mil

duizend

1.000.000

el millón

miljoen

el inglés

Engels

el inglés americano

Amerikaans Engels

el chino mandarín

Chinees (Mandarijn)

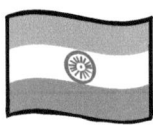

el hindi

Hindi

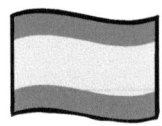

el español

Spaans

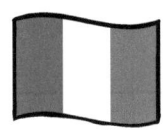

el francés

Frans

el árabe

Arabisch

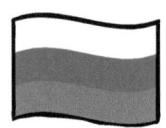

el ruso

Russisch

el portugués

Portugees

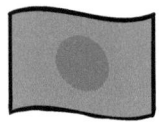

el bengalí

Bengali

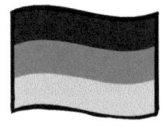

el alemán

Duits

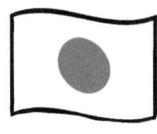

el japonés

Japans

yo

ik

tú

u

él / ella

hij / zij / het

nosotros

wij

vosotros

u

ellos

ze

¿quién?

wie?

¿,qué?

wat?

¿cómo?

hoe?

¿dónde?

waar?

¿cuándo?

wanneer?

el nombre

naam

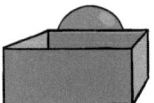

detrás
achter

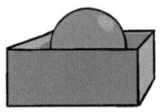

en
in

delante de
voor

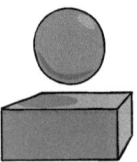

por encima de
boven

sobre
op

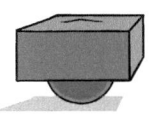

debajo de
onder

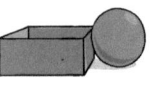

junto a
naast

entre
tussen

el lugar
plaats